DEMAIN & LE PARTI

DE

L'APPEL AU PEUPLE

PAR

LA COMTESSE NELLY D***

PARIS

E. LALOUETTE, LIBRAIRE-ÉDITEUR

16, rue de Tournon, 16

—

1881

DEMAIN & LE PARTI

DE

L'APPEL AU PEUPLE

PAR

LA COMTESSE NELLY D***

PARIS

E. LALOUETTE, LIBRAIRE-ÉDITEUR

16, rue de Tournon, 16

1881

DEMAIN & LE PARTI

DE

L'APPEL AU PEUPLE

« Tout Royaume divisé contre lui-même ne pourra subsister, » a dit l'Évangile.

Cet axiome divin devrait, dans les circonstances actuelles, être spécialement médité par le grand parti auquel hier encore semblait réservé l'avenir de la France — le parti de l'Appel au peuple. Depuis, un schisme étrange est venu désunir les partisans de l'Idée Impériale. Tandis que les uns se rangent résolument sous le drapeau du Prince Napoléon, les autres voudraient lui opposer son propre fils — le Prince Victor — un enfant de dix-huit ans. D'autres encore rêvent un sceptre imaginaire dont le candidat est encore à trouver. Dans des conditions pareilles, une restauration Bonapartiste devient absolument chimérique. — L'histoire n'offre peut-être pas d'exemple plus extraordinaire que celui de cette légion de fidèles, travaillant consciencieusement à un bouleversement dans l'ordre de la succession au trône, sans paraître s'apercevoir de ce qu'il y a de monstrueux à prétendre inaugurer un nouveau règne par un acte d'insurrection contre l'autorité paternelle, afin de parvenir à couronner — un révolté ! — Hâtons-nous d'ajouter que ces projets n'ont aucune chance de réussite, le Prince Victor ne se montrant nullement jaloux de cueillir les lauriers d'Absalon. D'un autre côté, il est certain que le Prince Napoléon ne veut et ne peut abdiquer sous l'influence d'une pression étrangère; car ce serait se déclarer implicitement soi-même indigne de régner. Il est maintenant le *seul* héritier de la dignité Impériale. — Lorsqu'il sera au pouvoir, laissons-le faire ses preuves avant de le juger. Ses opinions, on ne saurait en disconvenir, paraissent malheureusement en contradiction avec celles de la majorité des conservateurs. Mais, est-ce là un motif suffisant pour chanter le « *De Profundis* » de l'Empire? Car, ne nous y trompons pas, si à chaque vacance du trône il était possible d'écarter et de remplacer

le successeur immédiat du dernier souverain,
— sous quelque prétexte que ce soit, — ce sys-
tème ébranlerait très rapidement les fondements
des monarchies les plus solidement assises. D'ail-
leurs, il est utile de le rappeler, les droits du
Prince Napoléon, établis par le Sénatus-Consulte
de l'année 1852, ont été ratifiés par plusieurs
plébiscites, dont le dernier date de 1870. Ceux
qui mettent en avant la candidature du Prince
Victor devraient réfléchir, qu'une fois la porte
ouverte aux combinaisons plus ou moins fantai-
sistes, il n'y a pas de bonnes raisons pour que
d'autres Bonapartistes ne préfèrent pas au Prince
Victor son frère puîné, le Prince Louis-Napoléon,
portrait vivant de Napoléon Ier, auquel il ne se
contente pas de ressembler seulement par les
traits du visage. Le résultat de ces pratiques serait de transformer le régime plébiscitaire en
une espèce de gouvernenement électif, pareil à
celui qui, au siècle dernier, fit sombrer en Pologne,
non seulement la monarchie, mais encore l'indépendance nationale! Avouons cependant, pour
être juste, que nous comprenons parfaitement
l'émotion soulevée par la lettre du Prince Jérôme
à propos des décrets du 29 mars. Cette émotion
est non seulement légitime, mais encore hono-

rable. La France des Charlemagne et des Napoléon n'a pas cessé de se considérer comme la fille aînée de l'Église; et c'est la blesser à la prunelle de l'œil que de froisser ses sentiments religieux par un cri de guerre contre les victimes, au moment psychologique où celles-ci sont traquées de toutes parts par la meute des bourreaux! Mais cette émotion, si légitime qu'elle soit, est-elle entièrement fondée? — Nous ne le pensons pas. — Dans ce qu'on est convenu d'appeler « la monarchie de droit divin, » un manifeste a une importance capitale, parce qu'il émane d'un homme généralement plus imbu encore de ses Droits que de ses Devoirs. Tandis que lorsque le souverain ne se considère, à juste titre, que comme le délégué et le représentant du suffrage universel, c'est lui qui règne et la volonté nationale qui gouverne. Il ne saurait la braver, n'existant que par elle. Devenir impopulaire, serait signer lui-même son acte d'abdication. Cependant, répète-t-on de tous côtés, le Prince Napoléon est un libéral. Il y a donc tout lieu de se défier de lui. — Singulière subversion des mots et des idées, par suite de l'usage qu'on en a fait depuis près d'un siècle! Liberté est devenu synonyme de tyrannie, comme fraternité est synonyme de haine. A force de voir s'accumuler les fautes et les iniquités commises au nom de la liberté, on en est venu à envelopper dans une même réprobation le coupable et le manteau d'emprunt dans lequel il se drape afin de n'être pas reconnu. Mais ce manteau royal qu'on nomme la Liberté, il est à nous ! On nous l'a volé. Le plus grand forfait du révolutionnaire ne consiste peut-être pas autant à être presque toujours un criminel, qu'à être un hypocrite; car son hypocrisie a pour conséquence d'éteindre dans bien des âmes le culte de ce flambeau sacro-saint allumé sur le Calvaire..., la Liberté ! Le Radical démasqué cessera d'être dangereux. Il était odieux, il sera ridicule. Dépouillons hardiment ce geai des plumes du paon, en prouvant au monde que seuls nous méritons le titre de libéraux. — Ce titre en effet nous appartient de droit plutôt que celui de conservateurs. — Fils d'une religion qui s'appelle Progrès, nous ne voulons conserver du passé que ce qui est grand, noble, généreux; ce qui tend à rendre l'humanité plus heureuse et surtout meilleure. Nous renoncerons volontiers aux abus et aux imperfections inhérentes à tous les commencements. Nous ne demandons qu'à échanger le bien contre le mieux.

Nous ne sommes pas des conservateurs encroûtés dans l'immobilité, n'ayant rien appris et rien oublié. Nos adversaires seuls voudraient nous faire passer pour tels. Ils s'efforcent de tromper les masses par une double appellation également erronée ; celle dont ils s'affublent, et celle qu'ils nous décernent ! Mais il n'est jamais trop tard pour se défendre contre la calomnie.

Pour en finir avec la lettre du Prince Jérôme, dont nous parlions tout à l'heure, admettons, hélas ! qu'elle est de sa part une erreur capitale. Il n'y a pas à le nier Mais quel est l'homme en ce monde qui ne s'est jamais trompé ? Elle est en contradiction directe avec les idées de haute impartialité dont il s'honore avec raison. — N'étant pas encore souverain, c'est à dire responsable devant la France de chacune de ses paroles, il s'est cru le droit d'avoir une défaillance ; et il a écrit cette lettre néfaste, non parce qu'il est libéral, mais parce qu'il a un instant oublié de l'être. — Néanmoins, loin de nous effrayer, rendons grâce à Dieu si ses principes sont réellement libéraux, puisque c'est précisément cette qualité méconnue qui nous permet d'espérer un règne réparateur, lequel accorde enfin la liberté du bien pour lutter contre la liberté du mal, — la seule que nous connaissions maintenant. — Afin d'être conséquent avec lui-même, son premier décret nous octroiera indubitablement la liberté de conscience, devenue dérisoire depuis qu'une bande d'athées fanatiques a escaladé le pouvoir. Au lieu de restreindre la liberté d'association, il la favorisera infailliblement : il n'existera plus de catégories de citoyens français destinés à être persécutés pour leurs convictions ; et en fait de sécurité, là Compagnie de Jésus n'aura du moins rien à envier à l'Internationale. La robe du Dominicain et le dévouement du religieux ne constitueront point une exception à la liberté de l'enseignement, laquelle ne pourra être interdite que pour cause d'indignité. — Les diverses manifestations dans la rue, ne troublant pas la paix publique, seront également tolérées, et les processions catholiques cesseront d'être jugées plus subversives que le chant de la *Marseillaise* ou du « *Ça ira!* »

Le bien-être du peuple, — celui du plus grand nombre, — sera son idée fixe, immuable ; et s'il refuse de s'occuper de « l'infâme capital » dans le sens des revendications radicales, c'est qu'il sait très bien que le Socialisme est une utopie doublée d'une bêtise. Au lieu de dépouiller les uns pour enrichir les autres, — ce qui reviendrait à ruiner tout le monde, — il ouvrira de nouvelles sources au travail et à l'épargne, qui seront encore décuplés par la sécurité du jour et l'assurance du lendemain. On ne fera pas intervenir de politique dans la répartition des humbles charges qui n'exigent que de l'honnêteté : tel garde-chasse ne risquera plus d'être destitué à cause de ses opinions ; et tel petit employé qui va ou ne va pas à la messe, ne sera plus mis en demeure d'étouffer la voix de sa conscience, pour conserver sa place et le pain de ses enfants. — Les impôts descendront au chiffre normal qui leur était assigné sous le second Empire ; ce qui réalisera une économie de plus d'un millard au profit des contribuables, puisque, pour ne citer qu'un exemple, l'administration républicaine — comparée à celle qu'elle a remplacée — coûte au pays cinquante-sept millions de plus par an, rien que pour les traitements et appointements des fonctionnaires.

— La liberté de la presse, et celle de la parole dans les réunions publiques, ne pourront avoir d'autres limites que l'interdiction de la calomnie.

— Pour combattre le paupérisme — cette plaie de tous les pays à notre époque, — il comptera sur la prospérité reconquise dont jouira de nouveau la France, grâce à l'essor que prendront le commerce et l'industrie, sous le régime sauveur du Libre-Échange. Mais plus encore il comptera sur l'appui de cette religion divine qui inventa la charité, et dont les conseils de perfection vont jusqu'à dire aux riches : « Vendez *tout* ce que vous avez, et le donnez aux pauvres. »

Peut-être un jour comprendra-t-on que notre globe est assez vaste pour nourrir tous ses habitants, à condition que tous ses terrains incultes soient défrichés par une colonisation immense, internationale, qui déverse le trop plein de nos civilisations dans les régions désertes, manquant de bras pour les cultiver. Mais cette solution, dont le but consiste à transformer les indigents en travailleurs, ne saurait être réalisée par un seul homme, — pas même par un homme de génie. — Elle appartient à l'avenir qui lui réserve sans doute le concours de toutes les Puissances liguées pour accomplir le bien.

Revenons pour le moment à la mission du Prince Napoléon : c'est surtout dans ses rapports avec l'Église qu'il devra se souvenir de son Libéralisme, et n'oublier jamais que s'il ne doit compte de sa foi qu'à sa conscience, son devoir imprescriptible est d'accorder une indépendance illimitée à tous les cultes, et principalement à celui que professe la majorité des Français. — Se montrer sectaire et intolérant, serait de sa part forfaire tout à la fois à son propre honneur et à sa patrie ! — Certainement il ne ressuscitera pas une religion d'État, et ne prendra pas non plus cette religion sous son patronage spécial — et il aura raison — ce serait rabaisser l'Église de Dieu que d'en faire la pupille et la protégée d'une autorité temporelle. Pour conquérir les âmes, il ne lui faut qu'une seule chose — la liberté. — Si quelqu'un ose réclamer la suppression du budget des cultes, il répondra que la Révolution a imposé une dette à la France, par la spoliation des biens ecclésiastiques ; et que ce n'est certainement pas lui qui manquera jamais à ses engagements. — Il aimera cette France d'un amour illimité : mais c'est l'armée qui aura la part du lion dans cet amour. — La dernière pensée et la dernière parole de Napoléon Ier mourant à Sainte-Hélène, n'ont-elles point été pour elle ? — Il la voudra forte, nombreuse, imposante, disciplinée, respectable, et respectée. Il sera fier et heureux de trouver moyen d'augmenter son bien-être, ses avantages et ses prérogatives, afin de rendre cette noble profession des armes aussi digne d'envie qu'elle est environnée de périls et accompagnée de gloire! Et puis, comme pour former de bons soldats, il faut commencer par avoir de bons chrétiens, il fera ouvrir à deux battants la porte de la caserne à l'aumônier, qui seul peut enseigner la résignation dans la mort, à ceux dont la vocation consiste à faire le sacrifice de leur vie. Afin d'avoir le droit d'exiger l'immolation d'une existence ici-bas, ne doit-on pas du moins savoir lui laisser, en échange, les espérances de l'Immortalité? En fait de politique extérieure, le Prince Napoléon s'appuiera sur de solides alliances. . . . .

Et ce n'est certes pas le beau-frère des Rois d'Italie et de Portugal, qui risquera d'en manquer! — Nous ne pousserons pas plus loin cette esquisse anticipée d'un grand règne, rendu probable et nécessaire par les fautes accumulées des Républicains qui nous gouvernent. Aujourd'hui les Impérialistes ont encore une fois toutes les chances pour eux; et la victoire est assurée pourvu qu'ils ne la compromettent pas par leurs divisions. — On peut admettre, à la rigueur, le succès d'une compétition dynastique entre deux branches rivales d'une même famille ; et l'expérience du passé nous apprend que dans cette lutte fratricide, la victoire est réservée au plus habile et au plus heureux ! Mais un Schisme politique dans les circonstances actuelles serait le suicide du Bonapartisme, un suicide inévitable, aussi inepte qu'inutile. A l'heure présente, il n'y a qu'un *seul nom* qui puisse rallier les suffrages unanimes du parti innombrable de l'Appel au Peuple. Plus tard, avec la grâce de Dieu, le fils viendra après le Père ; et à son tour il transmettra à son successeur une autorité incontestable et incontestée, dont il aura hérité à son heure, au lieu de l'avoir usurpée comme un Rebel, — selon le triste rêve de quelques esprits égarés.

Maintenant, si des sceptiques nous demandent compte des fondements de notre foi dans le libéralisme éclairé de Monseigneur le Prince Napoléon, nous leur ferons observer que la haute intelligence de Son Altesse Impériale est une vérité irréfragable, admise comme telle par ses ennemis les plus acharnés ! — Or, il n'y a que les sots pour comprendre les grands principes des Liberté dans le sen que leur donnent nos petits despotes modernes ; et la France trouvera probablement bientôt qu'il y a assez longtemps déjà qu'elle se laisse duper par des hypocrites, lesquels la grisent avec des mots, dont ils escamotent la réalité !

Toutefois, nous croyons encore devoir faire remarquer en finissant, à ceux qui ne partagent point notre confiance, que le siècle de Louis XIV eût été infailliblement privé du règne du grand Roi, si nos pères se fussent avisés de supprimer celui de Louis XIII, après la mort de Henri IV, sous prétexte que le jeune monarque n'était pas et ne serait jamais à la hauteur du Béarnais. — Il y a des choses et des principes auxquels on ne touche pas impunément ; et c'est l'édifice lui-même qu'on fait crouler, en travaillant à remplacer la clef de voûte. Pour ceux qui *croient*, l'avénement du Prince Napoléon est le but ; il est le fanal qu'on distingue au loin au milieu de la tempête. Pour ceux qui *doutent*, qu'il soit au moins le trait d'union *indispensable* pour arriver à un avenir meilleur, le pont jeté sur les flots, le navire, — qui n'étant pas le port, — doit cependant nous faire aborder un jour, — à la terre promise !

4333 — Imprimerie de Poissy — S. Lejay et Cⁱᵉ.

Imp. de Poissy
S. Lejay et Cie

www.ingramcontent.com/pod-product-compliance
Lightning Source LLC
Chambersburg PA
CBHW061157050726
47594CB00008B/3453